Wolfram Kautzky

Latein für Angeber

Dr. Wolfram Kautzky, studierter Altphilologe, verfasst seit 1993 für die österreichische Tageszeitung KURIER die regelmäßig erscheinende Latein-Kolumne „Nuntii Latini". Sein Faible für die lingua Latina lebt er auch als Schulbuchautor (Veritas-Verlag, *Medias In Res!*) und als Verfasser von Lernhilfen (*Durchstarten in Latein*) aus. Außerdem als Filmproduzent (aktuell: „Ovid reloaded. Liebeskunst für Anfänger") und als Ideenspender für das lateinische T-Shirt-Label www.t-unik.at tätig.

Wolfram Kautzky

LATEIN FÜR ANGEBER

Das
Beste

aus der

KURIER

Kolumne
„Nuntii Latini"

LIT

Bibliografische Information Der Deutschen Bibliothek
Die Deutsche Bibliothek verzeichnet diese Publikation in
der Deutschen Nationalbibliografie; detaillierte bibliografische Daten sind im Internet über http://dnb.ddb.de abrufbar.

ISBN 978-3-643-50630-6

©LIT VERLAG

GmbH & Co. KG Wien 2014
Krotenthallergasse 10/8
A-1080 Wien
Tel. +43 (0) 1-409 56 61
Fax +43 (0) 1-409 56 97
E-Mail: wien@lit-verlag.at
http://www.lit-verlag.at

LIT VERLAG

Dr. W. Hopf Berlin 2014
Verlagskontakt:
Fresnostr. 2
D-48159 Münster
Tel. +49 (0) 2 51-62 03 20
Fax +49 (0) 2 51-23 19 72
E-Mail: lit@lit-verlag.de
http://www.lit-verlag.de

Auslieferung:

Deutschland: LIT Verlag Fresnostr. 2, D-48159 Münster
Tel. +49 (0) 2 51-62 03 20, Fax +49 (0) 2 51-922 60 99,
E-Mail: vertrieb@lit-verlag.de

Österreich: Medienlogistik Pichler-ÖBZ
IZ-NÖ, Süd, Straße 1, Objekt 34, A-2355 Wiener Neudorf
Tel. +43 (0) 22 36-63 53 52 90, Fax +43 (0) 22 36-63 53 52 43,
E-Mail: mlo@medien-logistik.at

E-Books sind erhältlich unter www.litwebshop.de

Inhalt

Vorwort   1

I. BEST OF
„Latein für Angeber"   5

  1.   LAPSUS LINGUAE.   6

  2.   MEDIZINERLATEIN.   8

  3.   SCHULISCHES.   10

  4.   LATEIN IN DER POLITIK.   12

  5.   BOCKSPRÜNGE.   14

  6.   BROT UND SPIELE.   16

  7.   KÜCHENLATEIN.   18

  8.   GEHEIMSPRACHE.   20

  9.   KURZFORMEN.   22

10. WEGWEISER. 24

11. TOR-HEITEN. 26

12. KALT-WARM. 28

13. KICKER-LATEIN. 30

14. LATEIN IN DER WERBUNG. 32

15. SCHIMPFKULTUR/1. 34

16. SCHIMPFKULTUR/2. 36

17. NÄRRISCHES TREIBEN. 38

18. SCHERZ LASS NACH! 40

19. VERKEHRSMITTEL. 42

20. EH WURST. 44

21. LATEIN-AMERIKA. 46

22. GABALIERSDELIKT. 48

Lösungen 50

II. PRAXISKURS
„Latein für Angeber"   53

   1.   Lateinische Phrasen für
       jede Gelegenheit   54

   2.   Lateinischer Smalltalk   58

Vorwort

Der Innenpolitik-Kollege warnte vor dem Zusammenbruch des Pensionssystems: „So richtig kritisch wird die finanzielle Situation dann ab dem Jahre 1998."

Der „Leben"-Kollege war nach der Recherche über „funktionellen Analphabetismus" entsetzt: „Unglaublich, aber wahr: 200.000 können diesen Artikel nicht lesen."

Und der Chronik-Kollege ließ mit seiner Schlagzeile die Leserschaft erschauern: „Gangster mit Messer raubte Taxi und Geld."

Leicht gedrückt stellt man sich die Stimmung der KURIER-Leserinnen und Leser nach Lektüre dieser Artikel vom 11.10.1993 vor, ein Montag noch dazu. Doch für die von depressiven Leseepisoden Geplagten gab es an diesem Tag erstmals einen Lichtblick, ein „besonderes Zuckerl", wie es in der Ankündigung einer neuen Kolumne hieß: „Aktuelle Meldungen aus aller Welt in lateinischer Sprache." Damals stand der Zuckerlgenuss sogar noch wöchentlich auf dem Themenplan.

Wer seither Ablenkung vom Alltagsgeschehen sucht, kann in der Tageszeitung KURIER die Nuntii Latini von Dr. Wolfram Kautzky lesen. Oder die 2011 zusätzlich eingeführte Rubrik „Latein für Angeber". 22 Folgen davon sind in diesem Buch veröffentlicht.

Die Kolumnen „Nuntii Latini" und „Latein für Angeber" sind einzigartig im deutschsprachigen Raum. Dass es die „Nuntii" bereits seit mehr als 20 Jahren gibt (wenn heute auch nur mehr einmal im Monat), zeigt, dass Latein keine „tote" Sprache ist. Altphilologe Kautzky schafft den Spagat zwischen Seriosität und Skurrilität – wenn er etwa eine Meldung ins Lateinische übersetzt, in der ein Italiener nach der Scheidung von seiner Ex-Frau die von ihm finanzierten Implantate zur Brustvergrößerung zurückverlangt. Oder, wie beim ersten Mal, über Spuren von Haschisch und Kokain in ägyptischen Mumien berichtet. „Es sind nicht ganz so ehrwürdige Texte in einer ehrwürdigen Sprache", sagte er einmal selbst.

Während Wolfram Kautzky heute die Meldungen selbst im Internet recherchiert, gab es in den 90-er Jahren in der „International"-Redaktion des KURIER eine eigene „Nuntii"-Lade. Kuriose Meldungen aus aller Welt, die den Kolleginnen und Kollegen beim Durchschauen der Agenturen auffielen, legten sie darin ab.

Wolfram Kautzky ist einer der längstgedienten Kolumnisten des KURIER. Seine *columna* (Säule) ist trotz mehrerer Blattreformen nicht eingestürzt – ein echtes *miraculum* (Wunder) in einer Medienlandschaft, in der es in den vergangenen 20 Jahren wohl mehr Ein- und Umstürze gab wie in kaum einer anderen Branche.

Übrigens: Sollte Ihnen jemand einmal die Frage stellen, „Wozu heute noch Latein?", können Sie sich entweder auf einen langmächtigen Diskurs einlassen – oder Sie antworten knapp: „Um mehr Freude mit den Nuntii zu haben."

Ernst Mauritz
(stellvertretender Ressortleiter
des KURIER-Ressorts
„Lebensart")

Teil 1

BEST OF
„Latein für Angeber"

1. LAPSUS LINGUAE.

Dass Fußballer oft keinen unfallfreien Umgang mit Fremdwörtern pflegen, ist natürlich ein böses Vorurteil. Zitate wie „Der FC Tirol hat eine Obduktion auf mich" oder „Wir müssen gewinnen, alles andere ist primär" (© Ioannes Aegerl) sind zwar legendär, könnten aber auch einfach der sprachlichen Kategorie des *Lapsus linguae* zugeordnet werden. Gemeint ist damit ein „Ausrutscher der Zunge", bedeutet doch das zugrunde liegende lateinische Verbum *labi* „(aus)gleiten". Dieses steckt übrigens auch im deutschen Fremdwort „kollabieren", also hinsinken, zusammenfallen. Aber zurück zum Lapsus. Dieses Nomen beinhaltet eine Gemeinheit. Die Mehrzahl davon lautet nämlich nicht, wie vielleicht zu vermuten, Lapsi, sondern Lapsus („für Lateinexperten: das Wort gehört zur u-Deklination, und bei der sieht der 1. Fall Plural wie der 1. Fall Singular aus!"). Ergo: Sprechen Sie niemals von Lapsi – es wäre ein schwerer Lapsus!

?

Heißt „in aller Öffentlichkeit":
a) coram publicum
b) coram publico
c) cora publico
d) cora schumacher

2. MEDIZINERLATEIN.

Haben Sie schon einmal unter einer *commotio cerebri*, einer *ruptura menisci* oder gar einer *fractura claviculae* gelitten? Falls ja, war die lateinische Bezeichnung dieser drei Verletzungen (Gehirnerschütterung; Meniskusriss; Schlüsselbeinbruch) wahrscheinlich Ihr geringstes Problem. Fest steht jedoch: Latein ist aus der medizinischen Terminologie nicht wegzudenken. Weniger bekannt ist, dass Latein unter Ärzten auch als „Geheimsprache" verwendet wird. Wenn ein Kollege den anderen um „exspectative Therapie" ersucht, soll dieser nichts anderes tun als „abwarten" (lat. *exspectare*). Wird beim Patienten „sprachliche Inkontinenz" konstatiert, redet der wie ein Wasserfall. Vor Tachinierern, die unbedingt krankgeschrieben werden wollen, wird mit der Abkürzung c.p. (*caput piger* = „fauler Schädel") gewarnt. Und Achtung, wenn auf Ihrem Zahnarztbefund das Kürzel O.S. enthalten ist: Dann werden Sie für eine „Oral-Sau" gehalten.

?

Was bedeutet der Satz *Malum malum malum malum est*?

3. SCHULISCHES.

Viele lateinische Sprichwörter wurden von ihren Urhebern anders formuliert, als sie uns überliefert sind. Ein gutes Beispiel dafür ist der Spruch *Non scholae, sed vitae discimus* („Nicht für die Schule lernen wir, sondern fürs Leben"). Tatsächlich hat ihn sein Urheber, der römische Philosoph Seneca, genau umgekehrt formuliert: Mit den Worten *Non vitae, sed scholae discimus* („Nicht fürs Leben lernen wir, sondern für die Schule") kritisierte er, dass die Schulausbildung zu realitätsfremd sei – ein Spruch, der im Deutschen auch in der Variante „Nicht für die Schule lernen wir, sondern für die Katz'" kursiert. Apropos Schule: Wussten Sie eigentlich, dass Gymnasium eigentlich „Nacktschule" heißt? Bei den Griechen verstand man darunter den öffentlichen Platz, an dem die männliche Jugend zusammenkam, um sich mit nacktem Körper sportlich zu ertüchtigen – eine Gepflogenheit, die heute auf der Wiener Donauinsel in reichem Maß wiederbelebt wird.

?

Um welchen österreichische Fußball-Legende handelt es sich bei Ioannes Aegerl?

4. LATEIN IN DER POLITIK.

Dass ausgerechnet Pallas Athene, die griechische Göttin der Weisheit, vor dem Wiener Parlament steht, kommt nicht von ungefähr: Viele Begriffe der politischen Sprache haben ihre Wurzel in der Antike. Der *Präsident* ist dem Wortsinn nach ein „Vorsitzender", während die *Minister* nicht vergessen sollten, dass sie eigentlich „Diener" sind. Den parlamentarischen *Mandataren* wurde ihr Amt von den Wählern „anvertraut". Und wer sein *Veto* einlegt, sagt wie schon die römischen Volkstribunen „Ich verbiete es!". Der *Kandidat* verdankt seine Bezeichnung einer Farbe – allerdings weder der roten, schwarzen, grünen, blauen oder gar der pinken: Wer sich im alten Rom um ein Amt bewarb, musste in der reinweißen (lat. *candida*) Toga erscheinen – also gewissermaßen eine weiße Weste haben.

Übrigens: Dass die oben erwähnte Pallas Athene mit abgewandtem Gesicht vor dem Parlament steht, hat natürlich ausschließlich künstlerische Gründe.

?

Wie lautet die Internetadresse des Papstes?

5. Bocksprünge.

Der Ziegenbock war im alten Rom eine übel beleumundete Spezies: Litt ein Mann unter Körpergeruch, hieß es, ein wilder „Bock" (lat. *caper*) wohne unter seinen Achseln – und mit so einem Wesen gehe keine schöne Frau ins Bett. Zur Imageverbesserung der beklagenswerten Tierart trug die Tatsache bei, dass die pittoreske Insel *Capri* nach den dort frei laufenden Ziegen (*caprae*) benannt ist. Auch das Fremdwort *Kapriole* hat seinen Ursprung beim Bock, der ja für seine wilden „Luftsprünge" bekannt ist. Von der Kapriole war es nur ein kleiner Sprung zum *cabriolet:* So wurden in Frankreich leichte einspännige Wagen benannt, wohl wegen ihrer typischen hüpfenden Bewegungen. Heute fährt sich's in einem *Cabrio*, dem

zeitgemäßen Nachfolger solcher Pfer-
dewägen, vergleichsweise komforta-
bel. Übrigens: Die kultige Parfum-
marke *Profumi di Capri* hat ihren Namen doch eher der Insel als deren Na-
mensgeber (s.o.) zu verdanken. Hoffentlich.

?

Was bedeutet *ad hoc*?
  a) „zum Sitzen"
  b) „sofort", „unmittelbar"
  c) „dazu"

6. BROT UND SPIELE.

Panem et circenses ist eine der bekanntesten lateinischen Redewendungen. Sie geht auf den römischen Satiriker Juvenal (1. Jh. n. Chr.) zurück, der den Abstieg des einst so stolzen römischen Volkes in der Kaiserzeit kritisiert. Denn statt sich wie früher politisch zu engagieren, sei die breite Masse nun mit Essen und (billiger) Unterhaltung zufrieden. Während das Brot (lat. *panis*; es wurde übrigens nicht in Laibform, sondern als kostenlose Getreideration verabreicht) die leibliche Grundversorgung des Proletariats sicherstellte, sorgten die gesponserten Spiele (einerseits die im *Circus* abgehaltenen Wagenrennen, aber auch die Gladiatorenkämpfe im Amphitheater) für die Befriedigung des allgemeinen Unterhaltungsbedürfnisses. Etwas überspitzt in die Jetztzeit übertragen: Die Kombination von billigem Fastfood und „Dschungelcamp" lässt das politische Engagement der breiten Masse gegen Null sinken.

?

Welchem römischen Kaiser wird irrtümlich die erste Verwendung eines Mopeds zugeschrieben?

7. KÜCHENLATEIN.

Lateinische Puristen rümpfen abfällig die Nase, dem gemeinen Durchschnittslateiner macht's hingegen Spaß: Die Verwendung der hehren *lingua Latina* für küchenlateinische Kreationen. Also z.B. für Sätze wie *Heri suem emisit* („Gestern hat er die Sau herausgelassen") oder, quasi als daraus resultierende Folge, *Nunc endiviam habet* („Jetzt hat er den Salat"). Wer zum Anbandeln die Phrase *Sto in te!* („I steh auf di!") ins Gespräch wirft, wird zwar nicht zwangsläufig seine Chancen auf ein *pastoralis hora* („Schäferstündchen") erhöhen, dafür aber ein erfreutes *Vere frigidum!* („Echt cool!") oder, im schlechteren Fall, den Satz *Ab omnibus mentibus relictus es* („Du bist von allen guten Geistern verlassen") ernten. Freilich muss nicht jede lateinische Bezeichnung Anlass zur Freude sein. Der Bezirksvorsteher etwa wird die Latinisierung seiner Berufsbezeichnung (*prostata regionalis*) vermutlich als *sub cane* („unterm Hund") einstufen.

?

Was versteht man unter dem Begriff *nudatio delicata*?

8. GEHEIMSPRACHE.

Keine Sprache kann so dezent zur Verschleierung unangenehmer oder pikanter Sachverhalte herangezogen werden wie Latein. Wer unter Antriebslosigkeit leidet, könnte die Ursache dafür z.B. seinem *interior canis suillus*, dem inneren Schweinehund, zuschreiben. Findet man die Argumentation seines Gegenübers „an den Haaren herbeigezogen", sollte man das durch das wohlklingende Adjektiv *capillotract* zum Ausdruck bringen. Wer sich zwecks Stillens eines dringenden Bedürfnisses kurzzeitig verabschieden muss, tut dies eleganterweise mit der Redensart *Navigare necesse est!*, freilich in der Hoffnung, dass dem staunenden Publikum die altertümliche Übersetzung von *navigare* ("mit dem Schiff fahren",

„schiffen") vertraut ist. Zur Andeutung der geistigen Insuffizienz des Gegenübers ist die Äußerung „Sie sind *supranasal subilluminiert*!" („oberhalb der Nase unterbelichtet") geradezu prädestiniert. Und wer einen Erregungszustand zwar andeuten, aber nicht deutlich aussprechen möchte, ersetzt beim zweiten Wort der bekannten Redensart *stante pede* („stehenden Fußes") das d durch n.

?

Wie hieß das Untergewand der Römer?

a) Toga
b) Tanga
c) Tunica

9. KURZFORMEN.

Latein lauert bekanntlich überall, also auch in Abkürzungen. Gängig sind Kürzel wie *etc.* (*et cetera*: „und das Übrige") oder *P.S.* (*post scriptum*: „nachher geschrieben"). In amtlichen Dokumenten fíndet sich unter der Unterschrift fallweise der Zusatz *m.p.* (*manu propria*: „mit eigener Hand"). Im Englischen sind die Zeitangaben *a.m.* und *p.m.* (*ante/post meridiem*: „vor/nach Mittag") geläufig, Studenten richten ihr Erscheinen in der Vorlesung nach den Kürzeln *s.t.* bzw. *c.t.* (*sine/cum tempore*, also pünktlich oder 15 Minuten später). Ist der Name des Vortragenden noch unbekannt, ist dies an der Abkürzung *N.N.* zu erkennen. Sie kann als *nullo nomine* („ohne Namen") bzw. *nomen nescio*

(„ich weiß den Namen nicht") gedeutet werden. Ein wenig unglücklich ist übrigens die Abkürzung des auf Kanalreinigung und Verstopfungsbehebung spezialisierten Wiener Unternehmens S.U.S. („Sauber und Sicher"): lateinisch *sus* bedeutet „die Sau".

?

Wie heißt die Muse der Geschichte?
a) Clio
b) Thalia
c) Euterpe
d) Pampel

10. WEGWEISER.

Als „Leitfaden" wird ein kurz gefasster Ratgeber zur Einführung in ein bestimmtes Wissensgebiet bezeichnet. So ist z.B das Kamasutra ein Leitfaden (sanskritisch: *sutra*) für die Liebe (*kama*). Der Prototyp aller Leitfäden war jedoch kein schriftlicher, sondern ein ganz realer: jener Faden, mit dessen Hilfe Theseus wieder aus dem berühmten Labyrinth fand. Der athenische Held war nach Kreta gereist, um dem Minotaurus den Garaus zu machen. Als Theseus das Labyrinth, in dem sich das Ungeheuer aufhielt, betrat, drückte ihm die kretische Prinzessin Ariadne, die ein Auge auf ihn geworfen hatte, ein Wollknäuel in die Hand, das er beim Betreten abrollte – und dem er beim Verlassen einfach wieder folgte. – Theseus' findige Helferin ist übrigens auch die Hauptfigur der Oper „Ariadne auf Naxos" – wobei Naxos, entgegen anders lautenden Vermutungen, nicht der Name eines weiteren griechischen Helden, sondern der einer Kykladeninsel ist.

?

Was sind *currentes pices crudi*?

11. TOR-HEITEN.

Bei einem Suffix handelt es sich um eine Silbe, die an ein Wort „hinten angeheftet" (lat. *suffixus*) ist (und nicht, wie vielleicht vermutet werden könnte, um einen trunksüchtigen Gallier). Ein sehr häufiges lateinisches Suffix ist die Endung *-tor.* Sie bezeichnet immer einen „Täter", also jemanden, der eine Handlung ausführt: Der *scriptor* ist also ein „Schreiber", der *cantator* ein „Sänger", der *imperator* ein „Herrscher", etc. Dieses Suffix lebt auch in Wörtern weiter, die es so im Lateinischen gar nicht gegeben hat: Der Motor ist eigentlich der „Beweger" (von *movere*) und der Ventilator ein „Windbringer" (von *ferre/tuli/latum* = „bringen"). Im Spanischen lautet die entsprechende Silbe *-dor* – wie Hans

Krankls schmückendes Beiwort Goleador („Tor-Macher") beweist. Sollten Sie übrigens der Meinung sein, der Inhalt dieser Kolumne sei ein bissel ober'gscheit: Vielleicht ist der Autor ja ein *cacator sapientiae* (Klugscheißer).

?

Was bedeutet der Satz *Custos portae velut trabs ferriviaria cecidit*?

12. KALT-WARM.

Aus gegebenem Anlass: Eine kleine Abhandlung über heiß und kalt. Wer sich an einem italienischen Wasserhahn schon einmal kräftig die Finger verbrüht hat, wird es bestätigen können: *caldo* heißt entgegen der Erwartung nicht „kalt", sondern genau das Gegenteil, also „warm" bzw. „heiß". Schuld ist wieder einmal die lateinische Sprache, aus der das zugrunde liegende Adjektiv *calidus* stammt. Dementsprechend war in den römischen Thermen das Caldarium das Warmwasser- und nicht das Kaltwasserbecken. Letzteres wurde *frigidarium* genannt – eigentlich eh logisch, steckt doch das Adjektiv *frigidus* „kalt" drin. Wenig charmant werden daher gefühlskalte Frauen oft als frigide bezeichnet. Doch möglicherweise ist für derartige Zustände ja der Gatte verantwortlich – besonders wenn es sich um einen *lavator calidus* („Warmduscher") handelt. Das entsprechende Synonym dazu wäre übrigens *molle ovum* („Weichei") – aber das ist eine andere Geschichte.

?

Als Abkürzung welches lateinischen Spruchs kann das Wort „Ehe" gedeutet werden?

13. KICKER-LATEIN.

Fußball hat Hochsaison – Grund genug, in dieser Kolumne endlich einmal ein paar Kicker zu Wort kommen zu lassen. Hans Krankl etwa hatte folgendes Erfolgsrezept für Österreichs Fußball parat: *Necesse est nos plures lusores in terras externas importare* (Wir müssen mehr Spieler ins Ausland importieren). Als unbestrittener Motivationskünstler gilt heute noch Trainer-Legende Ernst Happel: Die Anweisung*Viri, hodie nullum comma in bracis videre volo!* (Männer, heute will ich keinen Beistrich in der Hose sehen!) ließ so manchen Spieler sein Verhalten überdenken. Ähnlich subtil versuchte Gustl Starek seine Spieler zu Höchstleistungen anzuspornen: *Caedite saltem, si ludere nescitis!* (Haut's eine, wenn's scho net kicken könnts!). Den Blick aufs Ganze dürfte allerdings nur Lukas Podolski besitzen, der die folgende Expertise ablieferte: *Pedifollium ludo scacorum simile est, sed sine alea.* (Fußball ist wie Schach, nur ohne Würfel).

?

Was heißt: *Suum ascensor ictum ingentem habet?*

14. Latein in der Werbung.

Viele Firmen bedienen sich bei der Benennung ihrer Produkte der *lingua Latina*. So lautet die wörtliche Übersetzung von *Labello* „für die Lippe", während *Nivea* passenderweise „schneeweiß" bedeutet. Sogar ein Imperativ hat in die Welt der Wirtschaft Einzug gehalten: *Audi* bedeutet „Horch!" – so hieß der Gründer der Firma, der aus urheberrechtlichen Gründen nicht seinen Familiennamen verwenden durfte und ihn kurzerhand latinisierte. Auch Werbeslogans greifen gerne auf die Sprache der alten Römer zurück. Ein Klassiker, angelehnt an Cäsars Siegesmeldung *Veni, vidi, vici*, ist bereits der Spruch *Veni.Vidi.Visa*. Gut möglich, dass auch die Getränkemarke *Carpe diem* („Genieße den Tag") einen Teil ihrer Popularität ihrem lateinischen Namen verdankt. Origineller ist da freilich noch die Anleihe, die ein Wiener Feinkostgeschäft bei demselben Horaz-Zitat zwecks Bewerbung seiner weihnachtlichen Fischspezialitäten nahm: *Carpfe diem.*

?

Was bedeutet *In arena sum*?

15. SCHIMPFKULTUR/1.

Die Römer waren bekannt für ihre Neigung zur Verbalinjurie – wodurch sich so manche Parallele zum Umgang des *homo Viennensis* mit seinen Zeitgenossen konstruieren lässt. Hier eine erste Annäherung: Ob *caput pannorum* (Fetzenschädel), *cactus aurium* (Ohrwaschelkaktus), *oculus pastae* (Nudelaug'), *simia fumo siccata* (g'söchter Aff'), *crassa sanguicula* (blade Blunzen) oder *urinator nivalis* (Schneebrunzer) – das Wienerische ist reich an bildhaften Schimpfwörtern, die sich leicht in die Sprache der alten Römer übertragen lassen. Etwas herausfordernder sind metaphorische Redensarten wie „Bist ang'schütt'?" (*Esne perspersus?* bzw. – Genderfreunde aufgepasst! – *Esne perspersa?*) oder „Bei mir hast ausg'schissen" (*Apud me excacavisti*). Doch was verbirgt sich hinter der Phrase *Tibi colaphum dabo, ut quattuordecim dies caput tuum moveatur?* Ein kleiner Tipp: Echte Wiener werden sich bei der Übersetzung nicht schwer tun.

?

An welchem Tag des Jahres 44 v. Chr. wurde Cäsar ermordet?
a) an den Iden des März
b) an den Iden des Märzen
c) am 15. März

16. SCHIMPFKULTUR/2.

Das letzte Mal wurde an dieser Stelle nach der Übersetzung des Satzes *Tibi colaphum dabo, ut quattuordecim dies caput tuum moveatur!* gefragt. Wie dem gelernten Wiener (und Lateiner) sofort ersichtlich, handelt es sich dabei um die legendären Mundl-Worte „I geb da a Watsch'n, dass da 14 Tog' da Schädl wockelt" aus der Serie „Ein echter Wiener geht nicht unter" (*Vir vere Viennensis non perit*). Hier weitere Kostproben aus der lateinischen Synchronfassung der Kultserie: Gehör versucht sich Herr Sackbauer so zu verschaffen: *Dum loquor, tibi otium est!* („Wann i red, hast du Pause!"). Die Zuneigung zum Schwiegersohn in spe ist enden wollend: *Franciscus, oculus pastae, ictum cerebralem habet* („Der Franzi, des Nudlaug, hat an Hirnpecker"). Und für die Schelte seiner Toni („Herrgott noch einmal! Einmal hast dein deppates Bier net und schon machst ein Theater!") hat Mundl nur einen Satz parat: *Mea cervisia non delirat!* („Mei Bier is net deppat!").

?

„Ich denke, also bin ich" heißt in der lateinischen Version:
a) *Cogita, ergo sum.*
b) *Cogito, ergo sum.*
c) *Coitus, ergo sum.*

17. NÄRRISCHES TREIBEN.

Rechtzeitig vor Faschingsende ein erhellender Abstecher in die Antike. Auch die Römer feierten, allerdings zeitverschoben im Dezember, ein einwöchiges ausgelassenes Fest, die sog. *Saturnalien*. Saturn galt als Gott des Goldenen Zeitalters, als es noch keine Standesunterschiede gab. Folgerichtig hatten die Sklaven zu diesem Anlass Narrenfreiheit, durften mit ihren Herren bei Tisch sitzen und wurden sogar von ihnen bedient. Auch außer Haus wurde fleißig gefeiert: Schulen und Gerichte blieben geschlossen, auf den Straßen trieben sich ausgelassene Umzüge herum. Leiter der frohen Geselligkeit war der sog. *Saturnalius princeps*, also eine Art Faschingsprinz – ein begehrter, weil publicity-trächtiger Job. Ach ja, und falls Sie die saisonal passende Mehlspeise immer schon einmal lateinisch ordern wollten: Bestellen können Sie den Faschingskrapfen als *placenta Saturnalis* – was Sie dann serviert bekommen, ist freilich eine andere Frage.

?

Was versteht man unter dem neulateinischen Wort *clausura tractilis*?

18. Scherz lass nach!

Unter Berücksichtigung des gerade einmal sechs Tage zurückliegenden kollektiven Bespaßungstages des Jahres (1. April, Anm.) sei hier die Frage aufgeworfen, ob auch die alten Römer Spaß am Spaß hatten. Zumindest ein lateinisches Vokabel für „Scherz" ist überliefert: *iocus*, wovon sich, wie unschwer zu erkennen, das englische Wort *joke* ableitet. Ob das allein schon reicht, dem bekanntermaßen disziplinierten und gut organisierten Volk Humor zuzutrauen? Tatsache ist, dass die Römer durchaus einen Sinn für schwarzen Humor hatten, wie das folgende Epigramm des Dichters Martial bezeugt: „Kürzlich war Diaulus noch Arzt, jetzt ist er Leichenträger. / Was er als Leichenträger tut, hatte er schon als Arzt getan".

Garantiert nicht antiker Herkunft ist dagegen die von manchen behauptete Herkunft des Wortes EHE: Dieses wird mitunter auch als Abkürzung des lateinischen Sprichworts *Errare humanum est* (Irren ist menschlich) gedeutet.

?

Wie lautet der kürzeste lateinische Satz?

19. Verkehrsmittel.

Wussten Sie eigentlich, dass der „Bus" ein Dativ ist? Antwort auf diese seltsam anmutende Frage gibt wie oft die lateinische Grammatik. Ausgangspunkt für unsere kleine Wortgeschichte ist das Wort „Omnibus", das vom lateinischen Wort *omnes* („alle") abgeleitet ist. Dessen Dativ (dritter Fall) lautet *omnibus*, was wörtlich übersetzt „allen" bzw. „für alle" heißt. Der Omnibus ist also kein gewöhnliches Fahrzeug, sondern eines „für alle". – Weit einfacher werden Sie vermutlich die folgenden Verkehrsmittel identifizieren können: *aeroplanum* (Flugzeug), *tramen ferriviarium* (Eisenbahn) und *ferrivia dentata* (Zahnradbahn) erschließen sich ähnlich leicht wie *navis subaquanea* (U-Boot), *birota* (Fahrrad) und *trirota*

(Dreiradler). Bleibt zuletzt nur noch die Frage offen, um welches Verkehrsmittel es sich beim *carrus sexualis* handelt – was der geübte Leser dieser Kolumne aber hoffentlich doch unschwer als „Triebwagen" identifizieren wird.

?

Worum handelt es sich bei Ben Hur?

a) um einen altrömischen Zuhälter
b) um einen bithynischen Fürsten
c) um einen Fel-lachen (ägyptischen Spaßmacher)
d) um einen israelitischen Prinzen

20. Eh Wurst.

Aus gegebenem Anlass geht's in dieser Kolumne diesmal um die Wurst. Das lateinische Nomen *botulus* bedeutet eigentlich „Darm", bezeichnet aber als Hülle für das Verwurstete auch, pars pro toto, die Wurst als Ganzes. Der legendäre Ausspruch des österreichischen Fußballtrainers Didius Vaccagricola (vereinzelt auch unter dem Pseudonym Didi Kühbauer bekannt) „Ihre Frage ist für die Würscht!" hätte also – zumindest mithilfe eines Latein-Dolmetschers – auch lateinisch formuliert werden können: *Quaestio vestra est pro botulis!* Überliefert ist übrigens auch das Vokabel *hillus*, das zur Bezeichnung der Knackwurst eingesetzt wird. „Du bist ein alter Knacker" heißt also *Vetus hillus es* bzw. politisch korrekt gegendert

Vetus hilla es. Auch die Blutwurst, genannt *sanguiculus*, fand bei den Römer schon Anklang, während eine weitere Wurstspezialität erst durch den Cabernossi-Gang von Heinrich IV. anno Domini 1076/1077 zu Berühmtheit gelangte.

?

Was bedeutet der Satz *Cum eo eo eo*?

21. LATEIN-AMERIKA.

Dem Austragungsort entsprechend bietet die Fußball-WM Anlass genug, sich mit dem entsprechenden lateinischen Fachvokabular vertraut zu machen. Neben den unbestreitbaren Protagonisten eines Spiels, den *undecim lusores* (elf Spielern) und dem *pedifollis* (Ball), ist der *arbiter* (Schiedsrichter) unverzichtbarer Bestandteil des Geschehens – kann er doch ersteren, falls sie *poenaliter agunt* (foul spielen), die *chartula rubra* (rote Karte) zeigen und sie *campo relegare* (vom Platz stellen). Außerhalb des Spielfelds sind nicht nur die *exercitores* (Trainer) anzutreffen, sondern auch die *lusores suppositicii* (Ersatzspieler) – oftmals bedroht von den *fautores fanatici* (Fans), die aber zur Verbesserung ihrer Stimmung glücklicherweise oft zur *cervisia* (Bier) greifen. Ob die Konsumation des beliebten Hopfengetränks auch für die Lothar Matthäus zugeschriebene Aussage „The referee did a very good blowjob" verantwortlich war, ist übrigens ungeklärt.

?

Was heißt: *Iam in gingiva eo*?

22. GABALIERSDELIKT.

Na so was: Der Verfasser des Hit-songs *Dulcis parva caprea* („Sweet little Rehlein") wagte es, den enthusiasmierten Formel 1-Fans in Zeltweg beim Absingen der Bundeshymne die weiblichen Bewohner(innen) Österreichs zu unterschlagen. Anlass genug, einen Blick auf die Geschlechtsregeln im Lateinischen zu werfen. Über dem grammatischen Genus (die Endung eines Nomen bestimmt das Geschlecht) steht dort das natürliche Geschlecht: männliche Personen gelten stets als maskulin, weibliche als feminin. Sind Lebewesen beider Geschlechter gemeint, spricht man von *Communia*: z.B. kann *bos* nicht nur Ochse, sondern auch Kuh heißen. So ersparte man sich neue Wortschöpfungen wie im Deutschen, wo neuerdings als männliche Form der Hebamme der „Entbindungspfleger" herhalten muss (statt des unbestritten hübscheren Wortes „Hebammer"). Vorschlag zum Schluss: Zwecks flächendeckender Durchsetzung des Binnen-I in Österreich sollte endlich ein eigenes Ressort angedacht werden – das Innen-Ministerium.

?

Was bedeutet der Satz
SITA VSVI LATE IN ISTA PER CANES?
(Anm: V = U)

Lösungen der Quizfragen

Lösung 1: b)

Lösung 2: Ein schlechter Apfel ist ein böses Übel.

Lösung 3: Um Hans Krankl

Lösung 4: urbi@orbi.va

Lösung 5: b)

Lösung 6: Kaiser Vespa-sian

Lösung 7: einen „Striptease"

Lösung 8: c)

Lösung 9: a)

Lösung 10: Running Sushi

Lösung 11: „Der Tormann fiel um wie ein Bahnschranken."

Lösung 12: *Errare humanum est.* („Irren ist menschlich")

Lösung 13: „Schweinsteiger hat einen gewaltigen Schuss."

Lösung 14: „Ich bin am Sand"

Lösung 15: a) und c) (die Iden des März sind der 15.3.!)

Lösung 16: b)

Lösung 17: einen Reißverschluss

Lösung 18: *I!* (= „Geh!")

Lösung 19: d)

Lösung 20: „Ich gehe mit ihm dort-
hin."

Lösung 21: „Ich geh' schon am Zahn-
fleisch."

Lösung 22: „Sieht aus wie Latein, ist
aber kan's (= keines)."

Teil 2

PRAXISKURS
„Latein für Angeber"

1. Lateinische Phrasen für jede Gelegenheit

Pars prima: A – C	
a priori / a posteriori	von vornherein / im Nachhinein
ab ovo	von Anfang an (eigtl.: vom Ei an)
ad absurdum	zum Unlogischen
ad acta	zu den Akten
ad hoc	spontan, sofort
ad libitum	nach Belieben
ad multos annos	auf viele Jahre
advocatus diaboli	der Anwalt des Teufels

alias	anders (mit anderem Namen)
alibi	anderswo
alter ego	das zweite Ich
ante portas	vor den Toren
captatio bene-volentiae	Versuch, das Wohl-wollen der Zuhörer zu erlangen
caput mundi	Mittelpunkt der Welt
casus belli	Auslöser eines Streits (eigtl.: Kriegsfall)
circulus vitiosus	der Teufelskreis
communis opinio	die allgemeine Mei-nung
condicio, sine qua non	die unerlässliche Be-dingung

Pars secunda: C – N	
coram publico	in aller Öffentlichkeit
cum grano salis	mit ein bisschen Witz
cum tempore / sine tempore	„mit Zeit" (= pünktlich) / „ohne Zeit" (= 15 Minuten später)
deus ex machina	Retter in der Not
ex aequo	auf gleichem Rang, gleichauf
expressis verbis	ausdrücklich
in medias res	mitten in die Sache hinein
in memoriam	zur Erinnerung
lapsus linguae	der Fehler beim Sprechen
mutatis mutandis	mit den nötigen Änderungen
nolens volens	wohl oder übel

Pars tertia: N – Z	
non plus ultra	das Unüberbietbare
per pedes	zu Fuß
post festum	in Nachhinein, nachher
pro forma	der Form wegen
quod erat demonstrandum	was zu beweisen war
stante pede	unverzüglich
status quo	der gegenwärtige Zustand
sub auspiciis	unter dem Ehrenschutz
tabula rasa	der reine Tisch
ultima ratio	das äußerste Mittel
vice versa	umgekehrt
viribus unitis	mit vereinten Kräften
vis maior	höhere Gewalt

2. Lateinischer Smalltalk

Pars prima: Grüßen und Plaudern	
Salve / Ave! – Quid agis?	Hallo! – Wie geht's?
Gratias, ego valeo! Et tu, quid agis?	Danke, gut! Und wie geht's dir / Ihnen?
Ego hodie in gingiva eo.	Ich geh heute am Zahnfleisch.
Bene fit, quod iam tam diu non convenimus!	Ein Glück, dass wir uns schon so lange nicht gesehen haben!
Nonne hodie tempestas bona est?	Das Wetter ist schön heute, nicht?

Loquerisne Latine?	Sprichst du / sprechen Sie Lateinisch?
Doleo, sed ne unum quidem verbum intellego.	Tut mir leid, aber ich verstehe kein Wort.
Dic mihi, quaeso, quota hora sit!	Könnten Sie mir bitte sagen, wie spät es ist?
Maximas gratias tibi ago, quod me adiuvisti!	Vielen Dank für Ihre Hilfe!
Non est, cur mihi gratias agas!	Bitte, gern geschehen!
Vale usque ad Kalendas Graecas!	Auf Wiedersehen bis zum Sankt Nimmerleinstag!
Hic habemus endiviam.	Da haben wir den Salat.

Pars secunda: Turteln und Schimpfen

Ignosce, nonne iam aliquando convenimus?	Entschuldigung, kennen wir uns nicht?
Numquam tales oculos vidi quales tuos!	Ich hab' noch nie so schöne Augen gesehen wie deine / Ihre!
Monstremne tibi meam collectionem tesserarum epistularum?	Darf ich dir / Ihnen meine Briefmarkensammlung zeigen?
Dens arduus es!	Du bist ein steiler Zahn!
Sto in te!	Ich steh auf dich!
Ad te aut ad me?	Zu dir oder zu mir?

Visne mecum piscentes crudos edere?	Willst du mit mir Sushi essen?
Omni nocte mihi in somnio appares!	Ich träume jede Nacht von dir!
Visne mihi nubere, mi ocelle?	Willst du mich heiraten, mein Augenstern?
Satin' sanus / sana es?	Bist du / Sind Sie verrückt?
Abi in malam rem!	Scher' dich zum Teufel!
Opprime os!	Halt' den Mund!
Delirare incipio!	I werd narrisch!
Date mihi pelvim!	Das ist zum Kotzen! (wörtl.: Gebt mir ein Becken!)

Pars tertia: Hilfe in allen Lebenslagen	
Vae mihi, ubi pedale frenarium est?	Hilfe, wo ist das Bremspedal?
Potesne cummem Americanam de bracis meis abradere?	Kannst du mir den Kaugummi von der Hose kratzen?
Malum, mea clausura tractilis haeret!	Verdammt, mein Reißverschluß klemmt!
Vidistine mea emplastra ad clavos?	Hast du meine Hühneraugen- pflaster gesehen?
Cur mihi sugitori- um abstulisti?	Warum hast du mir den Schnuller weggenommen?
Ubi est mea olla nocturna?	Wo ist mein Nacht- topf?
Hodie me satis vapide habeo!	Heute habe ich einen ordentlichen Kater!

Desine nasum digito fodere!	Hör auf, in der Nase zu bohren!
E cloaca arcem facis!	Du machst aus einer Mücke einen Elefanten!
Verus / vera sus pistarum es!	Sie sind eine echte Pistensau!
Cave, vix manibus meis tempero!	Passen Sie auf, ich schlage gleich zu!
Ubi est locus secretus?	Wo ist das WC?
Mihi navigandum est!	Ich muss schiffen.
Utinam ne hunc librum emissem!	Wenn ich doch dieses Buch nicht gekauft hätte!

Roland Girtler

Roland Girtler
Der Strich
Soziologie eines Milieus
6. Aufl. 2013, 328 S., 16,90 €, br., ISBN 978-3-8258-7699-9

Roland Girtler
Vom Fahrrad aus
Kulturwissenschaftliche Gedanken und Betrachtungen
2. Aufl. 2011, 248 S., 12,90 €, br., ISBN 978-3-8258-7826-9

Roland Girtler
Abenteuer Grenze
Von Schmugglern und Schmugglerinnen, Ritualen und
„heiligen" Räumen
2006, 448 S., 14,90 €, br., ISBN 3-8258-9575-0

Roland Girtler
Max Weber in Wien
Sein Disput mit Joseph Schumpeter im Café Landtmann;
das alte Institut für Soziologie: Paul Neurath, René Kö-
nig und seine übrigen Bewohner nebst dazugehöriger Ge-
schichten über Trinkrituale, Duelle und Ganoven
2013, 80 S., 9,80 €, br., ISBN-AT 978-3-643-50473-9

Roland Girtler
Die Landler in Rumänien
Eine untergegangene deutschsprachige Kultur
2014, 224 S., 29,90 €, gb., ISBN 978-3-643-50558-3

LIT Verlag Berlin - Münster - Wien - Zürich - London
Auslieferung Deutschland / Österreich / Schweiz: s. Impressumsseite